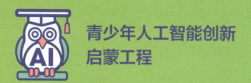
青少年人工智能创新启蒙工程

AI大模型时代
未来探索

方海光 郑志宏 | 总主编
刘建琦 朱庆煊 马飞 | 主编

人民邮电出版社
北京

图书在版编目（CIP）数据

AI大模型时代：未来探索 / 方海光，郑志宏总主编；刘建琦，朱庆煊，马飞主编. -- 北京：人民邮电出版社，2025. -- ISBN 978-7-115-66084-8

Ⅰ. G624.583

中国国家版本馆CIP数据核字第2025M10Y82号

内 容 提 要

《AI大模型时代：未来探索》是一本专为小学高年级学生设计的人工智能科普图书，旨在引导学生们深入探索大模型，包括大模型应用、大语言模型、图像大模型以及多模态大模型等内容。本书将帮助学生们掌握大模型的基本原理和关键技术，不仅注重知识的传递，更注重培养学生的创新思维、逻辑思维和实践能力，让他们在探索人工智能的旅程中不断成长和进步，为未来的学习和探索打下坚实的基础。本书适合小学高年级的学生阅读和学习。

◆ 总 主 编　方海光　郑志宏
　　主　　编　刘建琦　朱庆煊　马　飞
　　责任编辑　王　芳
　　责任印制　马振武

◆ 人民邮电出版社出版发行　北京市丰台区成寿寺路11号
　　邮编　100164　电子邮件　315@ptpress.com.cn
　　网址　https://www.ptpress.com.cn
　　北京瑞禾彩色印刷有限公司印刷

◆ 开本：787×1092　1/16
　　印张：5.5　　　　　　　　　　2025年3月第1版
　　字数：61千字　　　　　　　　2025年5月北京第2次印刷

定价：30.00元

读者服务热线：(010)53913866　印装质量热线：(010)81055316
反盗版热线：(010)81055315

专家委员会

安晓红	边 琦	蔡 春	蔡 可	柴明一	陈 梅	陈 鹏	
杜 斌	傅树京	郭君红	郝智新	黄荣怀	金 文	康 铭	
李 锋	李怀忠	李会然	李 磊	李 猛	刘建琦	马 涛	
陕昌群	石群雄	苏 宁	田 露	万海鹏	王海燕	武佩峰	
武瑞军	武 装	薛海平	薛瑞玲	张 蓓	张 鸽	张景中	
张 莉	张 爽	张 硕	周利江	朱永海			

编委会

白博林	鲍 彬	边秋文	卞 丽	曹福来	曹 宇	崔子千
戴金芮	邓 洋	董传新	杜 斌	方海光	高桂林	高嘉轩
高 洁	郭皓迪	郝佳欣	郝 君	洪 心	侯晓燕	胡 泓
黄颖文惠	季茂生	姜 麟	姜志恒	焦玉明	金慧莉	康亚男
孔新梅	李福祥	李 刚	李海东	李会然	李 炯	李 萌
李 婷	李 伟	李泽宇	栗 秀	梁栋英	刘慧薇	刘 娜
刘晓烨	刘学刚	刘振翠	卢康涵	吕均瑶	马 飞	马小勇
满文琪	苗兰涛	聂星雪	裴少霞	彭绍航	彭玉兵	任 琳
陕昌群	单楷罡	尚积平	师 科	石 磊	石群雄	舒丽丽
唐 淼	陶 静	田 露	田迎春	涂海洋	万 晶	汪乐乐
王彩琴	王丹丹	王 健	王 青	王秋晨	王显闯	王晓雷
王馨笛	王雁雯	王 雨	魏嘉晖	魏鑫格	瓮子江	吴 昊
吴 丽	吴 俁	武佩峰	武 欣	武 艺	相 卓	肖 明
燕 梅	杨琳玲	杨青泉	杨玉婷	姚凯珩	叶宇翔	殷 玥
于丽楠	袁加欣	曾月莹	张 东	张国立	张海涛	张 慧
张京善	张 柯	张 莉	张明飞	张晓敏	张 旭	张 禹
张智雄	张子红	赵 芳	赵 森	赵 山	赵 昕	赵 悦
郑长宏	郑志宏	周建强	周金环	周 敏	周 颖	朱庆煊
朱婷婷						

总 序

在当今信息技术迅猛发展的背景下，人工智能（AI）已成为推动社会进步的关键力量。向小学生普及人工智能相关知识，培养适应未来社会的创新人才，是新时代人工智能发展的必然要求。

本套书致力于开展人工智能普及教育，重点培养小学生的逻辑思维、批判性思维和问题解决能力，引导小学生掌握人工智能基本知识、认识人工智能在信息社会中的重要作用、运用人工智能技术解决生活与学习中的问题。通过本套书的学习，学生能够获得人工智能的基本知识、应用技能，在运用人工智能技术解决实际问题的过程中，成长为具有良好的信息意识、计算思维、创新能力及社会责任感的公民。

本套书提供的学习内容均来自真实的生活场景，以问题引入，以活动贯穿，运用生动活泼、贴近生活的案例进行概念阐述。同时，本套书还注重结合小学生的学习特点，避免了单纯的知识传授与理论灌输。本套书围绕学生在学校、家庭、社会中的所见所闻展开学习活动，采用体验式学习、项目式学习与探究性学习的形式，在阐述概念和理论的基础上，提升学生的学习兴趣，加强学生对人工智能的理解。

本套书共12册，内容由浅入深，从基础知识，到数据和算法，最后到物联网、开源鸿蒙和AI大模型，每册都有不同的主题。本套书要求学生亲自动手完成书中的学习活动，让学生感受人工智能技术给人们的生活带来的美好。

本套书得以完成，十分感谢来自北京、沈阳、成都等不同地区的学科专家和一线教师，他们具有丰富的教育教学经验，部分内容经过了多轮教学实践，从而保证了内容的实用性和科学性。特别感谢专家委员会的倾力指导，专家们对本套书的内容选择、展现形式、学习方式等都提出了很多宝贵的建议，极大提高了本套书的内容质量。

囿于作者能力，本套书难免存在不完善之处，敬请广大读者批评指正。

总主编　方海光

前　言

　　从智能家居到自动驾驶，从医疗诊断到金融分析，人工智能的应用场景愈发广泛，其影响力也日益深远。在这一轮波澜壮阔的科技浪潮中，AI大模型无疑是其中最亮眼的明星。未来一定是人类与人工智能共存的时代，教育工作者有责任将这一前沿科技的知识与理念传递给大家，因此我们组织编写了《AI大模型时代：未来探索》这本书。

　　在本书中，我们按照循序渐进的原则帮助同学们了解大模型的知识及相关应用。全书共分为四个单元，分别介绍大模型是什么，如何用大模型问个好问题、讲个好故事、做个好项目，其中涉及大模型应用、大语言模型、图像大模型和多模态大模型等知识。

　　在第1单元"智造生活好帮手——大模型应用探秘"中，我们从工具智造史的角度入手，帮助大家了解大模型发展脉络；通过"三人传话""春游踏青计划"等生动案例，展示大模型在实际应用中的作用；在"与AI对话"中，详细介绍大模型的种类与语音体验，为同学们打开与AI互动的大门。

　　在第2单元"问个好问题——大语言模型"中，我们首先从"语言之智"出发，阐述自然语言处理技术的核心原理与大语言模型的独特优势；通过"智语点亮生活"的实例，展示大语言模型如何生成有趣的故事；在"问智有术"一节中，同学们将了解如何利用大语言模型提出高质量的问题，从而获取更有价值的信息；"智言助力辩论赛"则通过模拟辩论的场景，让同学们体验大语言模型在逻辑推理、语言组织方面的能力。

在第3单元"讲个好故事——图像大模型"中，我们通过"思维映像"带领同学们认识图像大模型的基本原理与功能特点；在"智像拓用"中，我们展示了图像大模型在艺术创作等领域的创新应用；"灵感绘影"与"智绘童梦"两课，则通过项目式学习的方式，让同学们亲自动手，利用图像大模型讲述自己的故事，体验创造的乐趣。

在第4单元"做个好项目——多模态大模型"中，我们将探索多模态大模型在果蔬养护中的奇妙应用。同学们将发现多模态大模型不是高深莫测的技术概念，而是一种深入生活，能显著提高农业生产效率和植物养护效果的实用技术。我们将一起探索多模态大模型在病虫害管理、气候适应性分析以及生长监测等方面的技术潜力。

我们相信，大模型不会是人工智能的最终形态，所以《AI大模型时代：未来探索》不仅是一本关于AI大模型的科普读物，更是一本引导读者探索未来、创新实践的教育指南。在这个充满机遇与挑战的智能时代，让我们一起携手前行，共同探索未来的无限可能。

主编　刘建琦

2024年12月

目 录

第 1 单元
智造生活好帮手——大模型应用探秘 10

- 第 1 课　工具智造史——认识大模型 12
- 第 2 课　三人传话——大模型的实际应用 18
- 第 3 课　春游踏青计划——大模型的优势与挑战 22
- 第 4 课　与 AI 对话——大模型的种类与语音体验 27
- 单元总结 32

第 2 单元
问个好问题——大语言模型 33

- 第 1 课　语言之智——认识大语言模型 35
- 第 2 课　智语点亮生活——大语言模型的实际应用 40
- 第 3 课　问智有术——利用大语言模型提问题的方法 44
- 第 4 课　智言助力辩论赛——巧用大语言模型 48
- 单元总结 51

第3单元

讲个好故事——图像大模型 52

第1课　思维映像——认识图像大模型 55

第2课　智像拓用——图像大模型的实际应用 59

第3课　灵感绘影——如何利用图像大模型讲述故事 63

第4课　智绘童梦——通过项目式学习体验图像大模型 67

单元总结 70

第4单元

做个好项目——多模态大模型 72

第1课　认识多模态大模型——果蔬养护的智能助手 74

第2课　探索智能应用——多模态技术助力农业 78

第3课　规划果蔬养护——用思维导图制订计划 80

第4课　制作养护流程图——智能计划的行动指南 84

单元总结 86

第1单元
智造生活好帮手——大模型应用探秘

单元情境

当你结束了一天紧张的学习，疲惫地坐在书桌前时，你的智能手机会提醒你："根据今天的天气和你的健康数据，现在是进行30分钟户外散步的最佳时间。"你接受了这个建议。当你出门散步时，你的智能手表会记录你的步数和心率，帮助你了解自己的身体状况。

晚上，智能音箱播放你喜欢的轻音乐，并自动调整其音量和灯光，为你营造一个温馨舒适的环境，帮助你放松心情，为明天的学习储备能量。

单元主题

在本教学单元中，我们将一起揭开实现智慧生活的技术面纱。从预测你可能喜爱的商品到提醒你适时休息，再到为你量身定制营养均衡的健康餐单，大模型技术仿佛是一个无形的"精灵"，在幕后默默助力。我们将深入探索这项技术的基本概念和运作机制，了解它如何分析数据、采用何种学习模式，并作出智能响应。

通过本单元的学习，你将认识到大模型并非遥不可及的高科技语，而是一个贴近生活、能极大提升日常便利的技术工具。我们将一起探讨大模型在不同场景下的应用，包括家居自动化、个人健康管理，以及娱乐消费等领域的应用，帮助你建立对这一技术的全面认识。我们还将讨论在使用这些智能工具时需要注意的隐私和安全方面的问题，

第1单元　智造生活好帮手——大模型应用探秘

以及如何智能地利用它们来优化你的日常生活。

我的智能学习目标

1. 理解大模型的基本概念：了解什么是大模型、大模型在不同领域中的应用、大模型在日常生活中的应用。

2. 探索大模型的工作原理：学习大模型背后的关键技术，包括数据分析、模式识别和机器学习，以及这些技术如何协同工作以实现复杂的智能任务。

3. 分析大模型的应用案例：通过研究具体的实例，如个性化健康建议、智能购物体验等，了解大模型技术在现实生活中的具体应用。

4. 评估大模型的优势与挑战：识别和讨论大模型带来的便利性和可能存在的问题，如隐私保护、数据安全。

5. 掌握正确使用人工智能工具的方法：学习如何恰当地利用大模型技术，在确保个人隐私不被侵犯的同时，获得技术带来的好处。

6. 培养批判性思维能力：提高对大模型技术使用中潜在偏见和局限性的认识，并学会提出问题和批判性分析。

7. 鼓励创新思维：激发对未来大模型可能发展方向的想象，思考如何将这些技术应用到新的领域或解决现实世界问题。

我的智能学习工具

硬件准备：台式计算机、智能手机、平板电脑等电子设备。

软件准备：编程软件、智能助手、计算机办公软件。

AI 大模型时代：未来探索

第1课　工具智造史——认识大模型

我的智能生活

人类凭借智慧的大脑模仿生物结构，创造了飞机以翱翔天际，创造了潜水艇以探索深海，如图1.1所示。我们的智慧不仅体现在对小鸟和鱼儿的观察，更经过亿万年进化，让我们成为"万物之灵"。大脑作为人体重要的器官，负责整合和协调感觉、判断、运动等功能，并具备记忆、情感、语言等能力。正是大脑创造的智慧，成为人工智能发展的原动力。

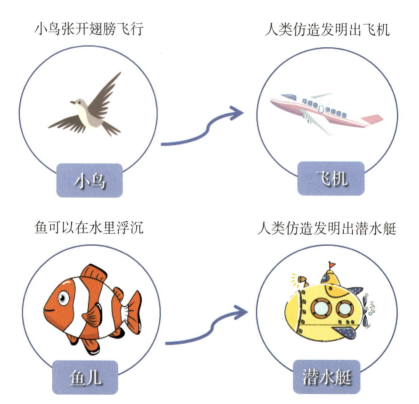

图1.1　人类模仿生物结构发明工具

让我们一起看看人工智能技术在生活中有哪些应用吧，如图1.2所示！

第1单元　智造生活好帮手——大模型应用探秘

智能家居

语音助手

智能语音识别

各式各样的机器人

图1.2　人工智能的实际应用

我的智能活动计划

人工智能是让机器拥有像人类一样的智能，比如会运动、会听、会看、会说话、会思考等。人工智能的核心功能包括如图1.3所示的3个方面。

模拟人的感觉器官并会表达
让机器学会听、说、看

模拟人的行为
让机器具有运动、手势等动作行为能力

模拟人的思考
让机器具有推理、计算、分析、比较、学习等思维能力

图1.3　人工智能的核心功能

AI 大模型时代：未来探索

为了让机器拥有人的智慧，像人一样灵活地工作、交流，人们开始推动人工智能的发展，让机器更加智能化。

可以参考图1.4所示的智能活动计划，以学习小组的形式完成本节课的活动。

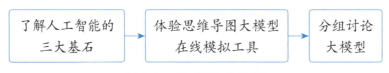

图1.4　智能活动计划

我的智能学习

人工智能的三大基石——算法、数据和计算能力，如图1.5所示。人工智能的核心是算法——具有产生智能功能和完成智能任务的程序性算法。同时，算法也有一定的学习能力，它可以从数据中获取所需要的知识，并进行一定程度的分析与归纳，形成自己的知识。

有了算法，有了被训练的数据（经过预处理的数据），经过多次训练（考验计算能力），再经过模型评估和算法人员调参后，能够获得模型。当新的数据输入后，模型就会给出结果。业务要求的最基础的功能就算实现了。

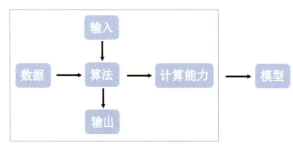

图1.5　人工智能的三大基石

分组讨论：同学们自行分组，3～5人一组，每组列举一个认为可能是由大模型驱动的应用或设备，并解释原因。

分享与反馈：每组选出一名代表向全班同学汇报，老师对同学们的汇报给予反馈和补充。

我的智能探索

一、实践任务

提供一个简单的思维导图大模型在线模拟工具，请学生体验输入数据和观察模型反应的过程。思维导图大模型示例如图1.6所示。

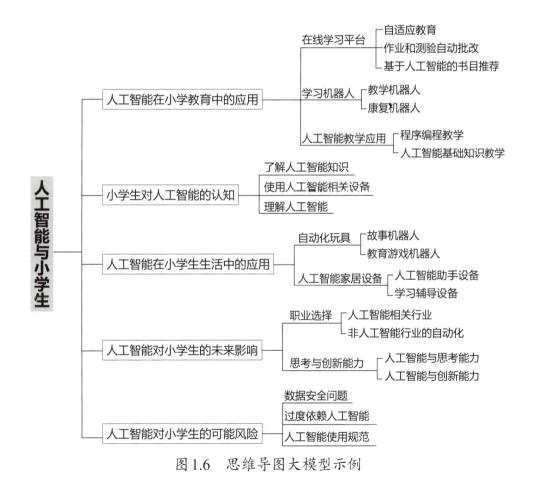

图1.6　思维导图大模型示例

二、分析与讨论

操作体验后，请同学们思考大模型是如何工作的，以及它们如何根据不同的输入做出不同的响应。

我的智能成果

经过本节课的学习，我们深入探讨了大模型在人工智能领域的原理与应用。现在，请试着回顾并总结你本节课所学的人工智能知识。

在完成思维导图后，请对自己本节课的学习效果进行评价。你是否认为自己对大模型技术有了更深入的理解？你是否觉得自己能够识别并解释大模型在现实生活中的应用？你是否觉得通过实操练习加深了自己对大模型技术的理解？可以与老师和同学们交流自己的想法。

我的智能视野

通过本节课的学习，你对人工智能大模型有了怎样的思考？可以同大家一起交流，比如以下几个方面。

技术意识提升：我认识到大模型作为人工智能的重要分支，发展迅速并广泛应用于各领域。

原理认识：我理解大模型是如何通过海量数据训练并优化性能的。

实际应用联系：我能将所学知识与现实中的推荐系统、智能助手等应用相联系。

批判性思考：我考虑了大模型应用可能带来的社会、伦理和隐私问题。

技术创新展望：我意识到大模型的不断发展将为未来的科技创新带来更多可能性。随着技术的持续进步，大模型可能会在医疗、教育、交通等更多关键领域发挥核心作用，推动各领域实现智能化升级。例如，在医疗领域，大模型可以辅助医生诊断疾病和制定治疗方案，提高医疗效率和准确性；在教育领域，它可以为学生提供个性化的学习路径和资源推荐，实现因材施教。

AI 大模型时代：未来探索

第2课　三人传话——大模型的实际应用

我的智能生活

在开始新的探险之前，我们先通过一个有趣的游戏来体验一下沟通的力量和挑战。首先，请三位同学上台；然后，老师对第一个同学耳语一个短句，他们需要把这句话悄悄地依次传递给下一位同学，直到最后一位同学。最后，我们来比较一下，最终传达出的信息与原始信息是否一致。这个游戏将展示信息在传递过程中如何发生变异或丢失，这正是我们需要人工智能介入的地方。

我的智能活动计划

游戏结束后，思考在这个充满信息的世界里，我们应如何确保信息传递的准确性和效率？本节课我们将探索大模型的奥秘，见证其在医疗、驾驶、艺术中的作用，并讨论构建大模型时面临的挑战，揭开大模型的神秘面纱，感受智能便捷新生活。

可以参考图1.7所示的智能活动计划，以学习小组的形式完成本节课的活动。

图1.7　智能活动计划

我的智能学习

一、活动准备

1.同学们自行分组，每组3～4人。

2.每组可获得一份大模型应用案例研究资料，其中包含不同领域的案例，如医疗、驾驶、机器翻译等。

3. 根据老师提供的相关在线资源链接，同学们可以访问更多信息。

二、案例研究

每个小组选择一个案例进行深入研究。同学们需要阅读资料并探讨大模型是如何在该领域中被应用的，它解决了哪些问题，带来了哪些改进。

三、角色扮演

小组成员自行分配角色，例如医生、患者、司机、游客等，根据所选案例进行模拟对话。同学们需要设想没有大模型的帮助，这些角色的互动会是怎样的，然后讨论大模型如何改善了这些互动。

我的智能探索

每个小组创建一张思维导图，总结大模型的核心优势和可能的限制。思维导图应包含节点，如"提高效率""减少错误"或"数据隐私问题"等。

每个小组轮流向全班同学展示他们研究的案例、扮演的角色和创建的思维导图，解释大模型如何改变了互动，以及这对社会意味着什么。

我的智能成果

通过各个小组的展示，我们可以感受到大模型在各领域中的深远影响。案例研究的真实性和深度使我们对大模型的实用性和潜力有了更直观的认识。角色扮演环节生动地模拟了不同领域中的实际场景，让我们看到了大模型如何在实际操作中发挥作用。而思维导图的展示则系统地梳理了大模型的应用领域、挑战以及未来趋势，为我们提供

AI 大模型时代：未来探索

了一个全面的视角。

同学们可以试着根据以下内容进行自我评价，也可以和老师或同学们交流想法。

我能清晰地解释大模型的基本概念和工作原理。

我知道大模型在多个领域的应用实例。

我能够使用工具整理大模型的相关知识。

我能思考大模型应用对社会的影响。

我能识别并讨论大模型应用中可能遇到的挑战。

我能与小组成员有效合作且清晰表达观点，并能尊重他人观点且积极参与讨论。

我的智能视野

在活动结束后，同学们一定体会到了信息在传递过程中的变异和丢失问题。而在现实生活中，我们面临的信息远比活动中同学们所传递的短句复杂得多。如今，我们处于一个信息爆炸的时代，每天都有海量的信息在各个渠道中流动。从新闻媒体到社交网络，从商业交易到科学研究，信息的准确性和传递效率至关重要。

大模型作为一种强大的工具，为我们提供了新的解决方案。以医疗领域为例，大模型可以整合大量的医学文献、病例数据和临床经验，为医生提供更准确的诊断方案和治疗建议。在驾驶领域，大模型可以实时分析交通状况、车辆传感器数据和地图信息，帮助驾驶员做出更安全、更高效的决策。在艺术领域，大模型可以生成独特的艺术作品、分析艺术风格和趋势，为艺术家提供创作的灵感和创新的方向。

然而，大模型的应用也面临一些挑战。例如，数据的质量和准确性是关键。如果输入大模型的数据存在错误或偏差，那么输出的结果也可能不可靠。因此，我们需要建立严格的数据管理和质量控制机制，确保大模型能够接收到高质量的数据。此外，大模型的解释性和可理解性也是一个问题。由于大模型的复杂性，其决策过程往往难以解释，这给用户带来了一定的困扰。我们需要研究如何提高大模型的解释性，让用户能够更好地理解其决策过程；大模型的安全性和隐私保护也是不可忽视的问题。大模型处理的大量数据中可能包含个人隐私信息，我们需要采取有效的安全措施，保护用户的隐私和数据安全。

为了充分发挥大模型的优势，我们需要不断探索和创新。我们可以通过改进算法和模型结构，提高大模型的性能和效率；我们也可以加强跨学科的合作，将大模型与其他领域的技术相结合，创造出更多的应用场景；我们还需要加强对大模型的监管和规范，确保其应用符合伦理道德和法律法规。

第3课　春游踏青计划——大模型的优势与挑战

我的智能生活

春季万物复苏，鲜花绽放，树木吐露新绿。我们常常期待能与大自然亲密接触，春游踏青则是一个绝佳的机会，如图1.8所示。然而，要尽情享受春游的乐趣，我们需要做好计划和充分的准备。你是否制订过春游计划？你是否考虑得足够全面？本节课我们将探讨如何运用人工智能技术来优化我们的春游计划，以提升我们的生活质量。

图1.8　春游踏青

我的智能活动计划

一、目标设定

1.明确春游的目的，例如探索自然、学习植物知识、锻炼身体等。

2. 讨论如何利用人工智能技术来实现这些目标。

二、规划方向

1. 路线规划与时间管理

使用智能地图应用来规划春游的路线，确保路线既安全又富有教育意义。利用智能日历或时间管理应用软件来制作活动时间表，合理分配每个环节的时间。

2. 天气预测与应对

查询智能天气预报应用软件，预测春游当天的天气情况。根据预测结果准备相应的装备和衣物，如雨具、防晒品等，并制订天气突变时的应急方案。

3. 交通安排

如果需要乘车前往春游地点，使用智能交通应用软件来规划最便捷的交通路线和方式。考虑集体出行的协调问题，如拼车、租巴士等，并预订相关服务。

4. 食物与健康

使用智能营养建议应用软件来制订健康、美味的春游野餐食谱。准备并检查所需的食材和饮料，以及相关的保冷或保温容器。

可以参考图1.9所示的智能活动计划，以学习小组的形式完成本节课的活动。

图1.9 智能活动计划

AI 大模型时代：未来探索

我的智能学习

思维导图生成：我们将用相关人工智能工具和思维导图生成功能，丰富想法，补充遗漏，扩充思维。

自然语言处理：我们将尝试使用智能设备，如智能手机或平板电脑，来识别和记录沿途所见的植物、动物和地质特征。例如，通过语音输入描述植物特征，人工智能可以帮助我们快速查找相关信息，从而使我们了解植物的名称、生长习性及其生态价值。

个性化学习路径：利用人工智能的适应性学习功能，每个人可以根据自己的兴趣和学习速度获得定制化的学习建议。这种个性化方法可以帮助我们更深入地探索自己感兴趣的特定主题。

知识共享与协作：鼓励使用云服务和协作工具分享我们的发现和学习成果。这不仅有助于加深个人理解，还能够促进同伴之间的学习和讨论。

我的智能探索

人工智能模型除了可以为我们提供更多的思路生成一份完整的春游计划，还能帮助我们识别多种野生动植物的种类。在春游过程中，你可以尝试使用AI识别应用软件识别遇到的动植物，并记录它们的名称和特点。同学之间可以相互分享和讨论识别结果，也可以询问老师或查阅资料验证。

在这个过程中，我们需要判断人工智能给我们生成的内容是否都是有用的内容，有哪些内容是需要我们挑选后才能使用的。对于那些不符合想法的内容，我们如何同AI交流并对其进行修改。

第1单元　智造生活好帮手——大模型应用探秘

我的智能成果

　　我们共同探索了如何生成一份春游计划,可以使用不同方式,如流程图、文字方案或表格,来详细呈现自己的计划。在计划过程中要充分考虑实际情况,尽管AI提供了很多便利和建议,但并非所有的建议都完全适用于我们的个人需求和实际情况。

　　请根据你今天的体验和感受,对以下方面进行简要的评价。

　　计划过程:你觉得今天的计划过程是否顺畅?你遇到了哪些挑战?你是如何克服的?

　　AI的使用:你在计划过程中使用了AI吗?如果用了,你觉得AI提供的建议对你的计划有何帮助?是否所有的建议都符合你的实际情况?

　　成果展示:你对自己最终制作的春游计划满意吗?你认为哪些方面做得好,哪些方面还有待改进?

　　小组合作与交流:如果你参与了小组讨论或合作,请分享合作经验。你觉得小组合作为你的计划带来了哪些好处?

　　活动收获:通过今天的活动,你学到了哪些新的知识和技能?你认为这次活动对你的个人成长有何帮助?

我的智能视野

　　在我们的生活中,我们需要对大量的文本数据进行处理和分析,例如处理和分析社交媒体评论、新闻报道、产品评价等。有时候我们想知道这些文字都在说什么,但是一个字一个字地去看实在是太麻烦了。

那有没有什么好办法呢？其实，我们可以设想：有一个特别聪明的小助手来帮忙。就像我们在春游的时候，如果有个小助手能帮我们把要带的东西都准备好，把好玩的地方都找出来，那该多棒呀！

其实，在处理那些具有很多文字的文档时，也可以有这样的小助手。比如它帮我们把描写开心事情的文字放在一边，把描写不开心事情的文字放在另一边，这样我们一看就知道大家的心情是高兴还是不高兴。

那这个小工具是怎么来的呢？就像我们学习新知识一样，它也要学习。科学家们会给它很多文字例子，告诉它这些文字分别属于哪一类。慢慢地，这个小工具就会变得越来越聪明，能自己把新的文字分类了。

希望同学们在生活中也能像本节课制作春游计划一样，发现更多有趣的事情，让我们的生活变得更加丰富多彩。

第1单元 智造生活好帮手——大模型应用探秘

第4课　与AI对话——大模型的种类与语音体验

我的智能生活

在我们的日常生活中，许多智能设备像朋友一样帮助我们完成各种任务。当谈论人工智能时，我们可能会想到智能手机或智能音箱等高科技产品，如图1.10所示。我们可以通过与智能音箱中的AI语音助手对话来设定出门闹钟，避免上学迟到；做作业时，若遇到不认识的单词，只需问问AI语音助手这个单词怎么读、是什么意思，它就能立刻给出答案；外出前，我们可以询问AI语音助手："今天天气怎么样？"AI语音助手便会告诉我们天气状况，以及是否需要带雨伞或穿上厚外套。AI语音助手还能学习我们的喜好，如果我们告诉它，我们喜欢某首歌曲，它就会记住这个信息，下次我们要求它播放音乐时，它可能会推荐类似的歌曲。

图1.10　智能音箱与智能手机

AI 大模型时代：未来探索

我的智能活动计划

1. 创建小组并整理、分配设备

试着整理一些常见的 AI 语音助手，如小爱同学、小度或 Siri，并了解它们的基本使用方法。以小组为单位，每组分配一台装有 AI 语音助手的设备（如智能手机或平板电脑）。

2. 设计日程规划任务

每个小组讨论并决定一系列需要完成的日程规划任务，例如设置一个学习时间表、规划一次虚拟的校外教学活动，或者组织一次小聚会。

3. 使用 AI 语音助手完成任务

通过与 AI 语音助手对话来完成任务，比如说："小爱同学，帮我设定明天下午三点的数学作业提醒。"或"Siri，我想知道去图书馆的最佳路线。"

在操作过程中，我们可以探索和尝试 AI 语音助手的不同功能。

4. 分享体验和反馈问题

完成任务后，每个小组分享使用 AI 语音助手的体验，包括成功的地方和遇到的问题。讨论哪些 AI 功能是实用的，哪些地方还需要改进，并思考如何在日常中更有效地使用这些工具。

5. 总结和拓展思考

总结在日常生活中 AI 可以为我们提供哪些帮助，并思考未来 AI 可能带来的变化。比如："你认为 AI 会取代人类的工作吗？为什么？"

可以参考图 1.11 所示的智能活动计划，以学习小组的形式完成本节课的活动。

图1.11　智能活动计划

我的智能学习

在我们的学习旅程中，AI已经成为一个神奇的助手。它不仅可以帮助我们完成日常任务，还能让学习变得更加高效和有趣。

1. 探索AI学习工具

智能辅导机器人：有些AI学习工具就像一位随时待命的私人教师，能够回答我们的问题，帮助我们解决难题。比如，当我们询问数学问题时，AI学习工具会给出解题步骤和答案。

在线学习平台：互联网上有许多可以个性化学习的网站和应用软件。它们能够根据我们的学习进度和能力来推荐适合的学习材料。

语言学习应用软件：当我们学习新语言时，AI应用软件可以模拟真实对话，让我们练习发音和听力，甚至可以纠正我们的语法错误。

2. 了解AI学习工具如何帮助学习

自适应学习：AI学习工具能够记录我们的学习风格和进度，为我们提供量身定制的学习计划，确保我们以最适合的速度和难度水平进行学习。

即时反馈：无须等待老师或家长的检查，AI学习工具能即刻评估我们的作业和测试，并提供反馈，这样我们就可以立刻了解自己的表现，并及时改进。

互动性：通过游戏化的学习，AI学习工具使学习变得生动且吸引人。我们可以在玩游戏的同时学习新知识，这提高了我们的学习积极

AI大模型时代：未来探索

性和效率。

我的智能探索

经过一系列的活动，是时候展现我们的创意和技术实力了。试着用你喜欢的形式（思维导图、流程图、文字等）把之前探索和学习的知识汇集起来，展示我们与AI语音助手合作的成果。

每个小组准备一个小项目，可以设计一段对话、创作一个故事或解决一个实际问题。我们将使用AI语音助手合成技术来朗读我们的作品，感受技术带来的"魔力"。

我的智能成果

通过这些具有创意的展示，我们不仅能够回顾和巩固所学知识，还能展现我们对AI技术的独到见解和创新使用方法。这不仅是一次技术实践，更是一次思维和创造力的飞跃。

通过项目的准备和实施，你是否对AI语音助手及其相关技术有了更深入的了解？你是否能够熟练地运用相关技术来完成项目？可以向老师或同学说一说你的想法。

我的智能视野

想象一下，在未来的图书馆中，AI助理能够根据我们的阅读喜好推荐书籍；在学习时，个性化的AI教练能实时提供适合我们每个学生的学习方式；而在娱乐方面，AI助手可能会创造出更新奇的游戏和互动体验。

此外，我们还可以想象一下AI技术在更宏观层面的应用，比如它在协助环境保护、提高城市治理效率以及促进全球互联互通方面的巨大潜力。然而，随着AI技术的广泛应用，个人数据的安全面临着更大的风险。我们需要建立健全的法律法规，加强对个人数据的保护。

AI大模型时代：未来探索

单元总结

我做了什么

在本单元的学习中，我深入探索了大模型的基本概念和应用场景。通过了解生活中智能设备的应用，切实感受到了大模型在日常生活中的存在和作用；同时，研究了具体的大模型应用案例，更好地理解了大模型技术在现实生活中的具体应用；还与同学们一起对大模型的优势与挑战展开了热烈讨论，就隐私保护、数据安全等问题进行了深入交流。

我学会了什么

我理解了大模型的基本概念，明确了它在不同领域的广泛应用，简单了解了大模型背后的关键技术；初步学会了评估大模型的优势与挑战，能够识别大模型带来的便利性以及可能面临的问题。并掌握了正确使用大模型技术的方法，懂得在确保个人隐私不被侵犯的前提下，充分利用大模型技术。

我的收获

通过本单元的学习，我对大模型有了全面而深刻的认识。大模型并非遥不可及的高科技，而是贴近生活、能极大提升日常便利性的技术工具。在与同学们的交流和讨论中，我的创新思维得到了激发，对未来大模型可能的发展充满期待，也开始思考如何将这些技术应用到新的领域或解决现实世界的问题；深刻体会到了大模型的魅力和价值，为今后更好地利用大模型技术奠定了坚实的基础。

第2单元
问个好问题——大语言模型

单元情境

　　我正在为即将到来的假期做计划，打算前往一个陌生的城市旅游。在出发前，人工智能助手为我规划了一个包括景点游览、美食体验和文化活动的行程，并针对行程计划和目的地气候，列出了一份详尽的行李清单，包括衣物、日常用品、旅行证件和应急药品等。人工智能助手为我的旅行提供了全方位的支持和帮助，但它是怎么完成这些的呢？我们一起来探讨吧！

单元主题

　　在本单元里，我们将一起探索大语言模型的奥秘。我们将了解什么是大语言模型，了解它的功能和面临的挑战，从而对其有更全面的认识；走进现实生活，通过丰富的实例来感受大语言模型在各个领域中发挥的重要作用，体会它如何改变我们的生活方式；还会进一步学习如何与大语言模型进行互动，学习如何在实际操作中提出问题并有效地利用大语言模型来获取答案。让我们共同期待这场关于大语言模型的探索之旅吧！

我的智能学习目标

　　1. 理解大语言模型的基本概念和工作原理：认识什么是大语言模型，探索大语言模型的工作原理，了解大语言模型在智能助手、信息检索、文本创作、教育等不同领域中的应用。

2. 探究大语言模型的应用：通过研究具体的实例，如聊天机器人、智能问答助手、语言翻译应用软件等，理解大语言模型在现实生活中的具体应用，体会大语言模型对于人们日常生活的重要作用。

3. 评估大语言模型的优势与挑战：探讨大语言模型的特点，分析大语言模型给人们带来的便利以及它所面临的挑战。

4. 掌握正确使用大语言模型的方法：能在实际操作中正确提出问题并有效地利用大语言模型来获取满意的答案。

5. 培养创新思维和实践能力：通过体验和分析大语言模型案例，思考如何在其他领域或场景中应用大语言模型进行创新，并提出创新性的想法。

6. 培养批判性思维能力：分析不同场景下大语言模型的应用优势与局限性，培养批判性思维能力。

我的智能学习工具

硬件准备：台式计算机、智能手机、平板电脑等电子设备。

软件准备：大语言模型工具、编程软件。

第1课　语言之智——认识大语言模型

我的智能生活

语言作为人类沟通交流的桥梁，不仅能传递信息、表达情感，更是我们认知与理解世界的核心途径。然而，理解和处理这千变万化且强大的语言，对人类而言是一项具有挑战性的任务。随着科技的飞速发展，人工智能和大语言模型的出现为我们提供了新的解决方案。人工智能致力于赋予机器类似人类的智能，包括理解、推理、学习和决策等能力。而大语言模型，作为人工智能的重要一环，能让机器解读人类的语言，理解其深层含义，甚至能进行自然语言对话和创作。这样的技术革新，正在逐步改变我们的生活方式，使智能生活成为可能。

我的智能活动计划

大语言模型对自然语言处理领域产生了深远影响，它能够理解和生成自然语言文本，极大地推动了智能对话、机器翻译、文本生成等多个领域的发展，提升了人机交互的智能性和自然性。

可以参考图2.1所示的智能活动计划，以学习小组的形式完成本节课的学习。

图2.1　智能活动计划

我的智能学习

大语言模型的核心目标是模拟人类的语言处理能力。通过在大量的文本数据上反复训练，大语言模型能够学习语言的内在规律和模

AI 大模型时代：未来探索

式，从而实现对自然语言的高效理解和生成，满足人们实际应用的需求。如图2.2所示，我们可以看到自然语言处理的多种应用。

可以说，大语言模型是让机器像人一样理解和处理自然语言的一种重要技术手段。它不仅拓展了机器的能力，还能产生更广阔的应用前景和发展空间，使人工智能在实际应用中能够更好地服务于社会。

图2.2　自然语言处理应用

我的智能探索

大语言模型的工作原理是什么？我们通过活动来体验一下吧！

一、活动名称：语义联想链

语义联想链是一个可以模拟大语言模型如何通过词汇之间的语义联系进行学习和预测的互动活动。在这个活动中，我们将体验到词汇之间的内在联系，并通过联想来构建一个词汇链。这个活动不仅能扩大我们的词汇量和锻炼思维能力，还能增强同学之间的合作和沟通能力。

二、活动规则说明

（一）准备阶段

1. 全班同学分成若干小组，每组人数根据班级规模而定，通常4～6人为宜。每组选一位同学作为小组长。

2. 每组同学围成一圈，确保每个人都能听到其他人的发言。

（二）活动开始

1. 小组长宣布活动开始，并随机指定小组的某个成员作为首发者。

2. 首发者随机说出一个词汇，例如"天空"。

3. 首发者旁边的同学需要说出与"天空"相关联的词汇，例如"云朵"。

4. 接下来，每个学生轮流说出与前一个词汇相关联的词汇，形成一条语义联想链。例如："天空"→"云朵"→"雨水"→"河流"→"海洋"。

（三）活动要求

1. 每个词汇必须在规定时间（如10秒）内说出，超时则视为活动失败。

2. 联想的词汇必须与上一个词汇有直接的语义联系，不能是无关词汇。

3. 重复的词汇或无法建立联系的词汇将被视为无效，需要重新说一个词汇。

4. 每个词汇只能使用一次，不能在语义联想链中重复出现。

三、活动总结

1. 说一说你在活动中的体验和感受。

2. 思考并讨论：为什么某些预测比较容易，而某些预测比较困难？

AI 大模型时代：未来探索

这与大语言模型的工作原理有什么关系？

3. 试着总结大语言模型的基本原理，即通过分析前面的词汇来预测下一个可能的词汇。

其实，大语言模型就像一个非常厉害的"预言家"，能够预测人们接下来想说什么话。为了成为这样的"预言家"，它需要先"学习"很多的文本，比如新闻、评论、报道等，来了解人们通常是如何说话的。当它"学习"得足够多时，给它一个开头，比如"今天天气真好，我决定去……"，它就能根据之前"学习"到的知识，来预测我们接下来可能会说"公园散步""户外运动"等。

我的智能成果

我们可以选择一个大语言模型的访问接口（例如一个在线聊天对话窗口），在规定的时间内与大语言模型自由互动。各组选择一个感兴趣的主题（如动物、植物、天气、运动、美食等），围绕主题进行提问，将问题输入图2.3所示的大语言模型对话窗口中，利用大语言模型，获取相关信息，对其进行提问、请求建议或进行对话。

使用"/"创建和收藏指令，可通过shift+回车换行

图2.3 大语言模型对话窗口

活动结束后，请以小组为单位分享自己的发现、学到的知识或有趣的对话内容。讨论大语言模型在日常生活中的潜在应用，以及它如何改变我们的学习和工作方式。

试着根据以下内容，跟老师和同学们说说你的想法。

1. 能够有效地利用大语言模型获取与所选主题相关的信息并进行筛选和整理。

2. 会与大语言模型进行对话，能够根据大语言模型的回答进行有效的追问或调整提问方式，以此来获得想要的信息。

3. 与小组内同学交流时能够清晰、有条理地展示利用大语言模型进行探索的过程和最终成果。

我的智能视野

同学们，大语言模型犹如充满智慧的"魔法宝库"，它能理解问题并给出准确答案，助力我们学习知识与解决难题。在未来，大语言模型的应用会越来越广泛，它可能会在我们的学习中扮演更重要的角色，比如为我们定制学习计划，或者用有趣的故事来解释复杂的概念。它也可能会在医疗、交通、环保等领域发挥巨大的作用，让我们的生活变得更加美好。

但我们要记住，大语言模型不是万能的。我们需要学会正确地使用它，不能完全依赖它，不断提升自己的能力，才能更好地理解和利用大语言模型。让我们期待大语言模型带来更多便利，一起用智慧和创造力共同探索未知世界。

第2课 智语点亮生活——大语言模型的实际应用

我的智能生活

如今大语言模型已经悄然融入了我们的生活。无论是在学术研究上，还是在日常生活的应用中，它都展示出了令人惊叹的潜能。想想看，每当我们使用手机上的智能助手查询信息，或者在享受自动化的客户服务时，背后都有大语言模型在默默地为我们服务。它凭借出色的自然语言处理能力，提高了日常生活效率，让我们的日常交流变得更加便捷和智能。

我的智能活动计划

可以参考图2.4所示的智能活动计划，以学习小组的形式完成本节课的学习。

图2.4 智能活动计划

我的智能学习

大语言模型在我们生活中的应用已经越来越广泛，它正在逐渐改变我们的生活方式，提升我们的工作效率。比如在学习时，每当我们遇到难以解答的问题，大语言模型就像一个随时在线的学习伙伴，帮助我们更好地理解和掌握各种知识。

在生活中，大语言模型像一个贴心的生活小助手。它可以帮我们制订学习计划、安排日常活动，甚至我们还可以让大语言模型写故事,如图2.5所示。大语言模型不仅提高了我们的学习、工作、生活效率,还让我们的生活更加丰富多彩。

以"我的学习生活"写一篇小故事

我的学习生活

在一个阳光明媚的早晨,我坐在书桌前,打开了一本厚厚的数学书。对于大多数人来说,数学可能是一门枯燥且难以理解的学科,但对我来说,它却充满了挑战和乐趣。

那天,我正在尝试解决一个复杂的几何问题。图形、角度、边长,这些元素在我的脑海中不断旋转,仿佛是一个神秘的宇宙等待我去探索。我拿起铅笔,在纸上画出图形,不断尝试、修正、再尝试。

就在我陷入沉思时,我的小猫花花走了过来,它好奇地盯着我手中的铅笔和纸上的图形。我笑着摸了摸它的头,然后继续沉浸在我的数学世界中。

时间一点点过去,但我全然不觉,因为我的心中只有那个几何问题。突然,我眼前一亮,仿佛看到了问题的关键所在。我迅速地在纸上写下了解题步骤,每一步都显得那么清晰、那么有条理。

当我终于解决了这个问题时,我感到无比的兴奋和自豪。我抬头看向窗外,发现已经中午了。原来,我已经连续好几个小时沉浸在数学的世界里了。

这就是我的学习生活,充满了挑战和乐趣。每一个问题的解决,都是对自身能力的肯定。而在这个过程中,我不仅学到了知识,更学会了坚持和专注,这些都是我未来人生道路上宝贵的财富。

图2.5 大语言模型写故事

我的智能探索

大语言模型的功能是不是非常强大?你想不想亲自感受一下大语言模型的魅力?接下来,请你试着用大语言模型生成一份个性化的旅游计划。你可以选择一个你感兴趣的城市或地区,然后让大语言模型帮你规划一份完整的旅行计划,包括必游景点、特色美食、住宿推荐以及行程安排等。

以小组为单位分享自己在体验过程中的感受和收获,讨论在学习和生活中如何利用这些工具,以及大语言模型有哪些优点和局限性。

尽管大语言模型在很多方面表现出色,但它依然有局限性,例如,可能无法理解复杂的人类情感,或者在某些专业问题上的回答不够准

AI 大模型时代：未来探索

确。因此，将它视为辅助工具，结合自身的判断力和专业知识一起使用，会获得最佳效果。

我的智能成果

借助大语言模型工具，根据自己的学习情况和时间安排，尝试给自己制订一份可执行的一周学习计划。用你喜欢的形式展示给小组同学，并相互交流各自的想法。

同学们可根据评价标准进行自我评价，反思自己在制订学习计划过程中的表现，找出可改进之处。学生之间可互相评价，根据评价标准给出客观公正的建议。教师结合以下4方面和学生的实际表现，给出综合评价和指导建议。

1. 学习任务明确，时间分配合理，学习计划与个人目标和学习情况相匹配。
2. 简洁美观地展示了学习计划的主要内容。
3. 在活动过程中有效利用大语言模型来制订计划。
4. 在活动过程中积极认真。

我的智能视野

同学们，大语言模型的应用是不是让你大开眼界？它就像一把神奇的钥匙，可以打开许多未知领域的大门。大语言模型的优势在于能够快速处理大量的语言信息，为我们提供准确和有效的回答。然而，它也面临一些挑战，比如可能会出现错误的回答或者受到数据偏差的影响。

请不要害怕这些挑战，因为正是这些挑战让我们有机会去探索和改进大语言模型。想象一下，如果我们能够不断地优化大语言模型，让它更加准确、可靠和智能，那将会给我们的生活带来多么巨大的改变啊！

大语言模型的潜力是无限的，除了我们在本节课中了解到的领域，它还可以应用到很多其他领域。比如在艺术创作领域，大语言模型可以帮助艺术家们生成创意、撰写故事脚本或者为音乐作曲提供灵感。在科学研究领域，它可以协助科学家们分析数据、撰写研究报告或者文献综述。在社交领域，它可以作为一个智能聊天伙伴，帮助人们更好地沟通和交流。

让我们一起发挥想象力，探索大语言模型更多的应用可能性，为创造一个更加美好的未来而努力。

第3课　问智有术——利用大语言模型提问题的方法

我的智能生活

　　掌握正确的提问方法对我们在日常生活和工作中利用大语言模型获取信息至关重要。想象一下，你正在计划一次家庭旅行，但不确定目的地的天气情况。如果你知道如何有效地向大语言模型提问，你就可以快速获取目的地准确的天气预报，从而做出明智的决策。

我的智能活动计划

　　可以参考图2.6所示的智能活动计划，以学习小组的形式完成本节课的学习。

图2.6　智能活动计划

我的智能学习

　　我们向大语言模型提问时输入的内容通常被称为提示词。提示词可以是一个简单的问题、一段描述、一个指令或者其他任何形式的文本输入，其作用是告诉大语言模型我们想要得到什么样的信息或完成什么样的任务，引导大语言模型生成相应的文本输出。通过提供清晰而具体的提示词，我们可以引导大语言模型生成高质量的文本。

　　1. 向大语言模型提问需明确、具体，需详述背景和所需信息等，如："请提供明天北京的天气预报及穿衣建议。"

　　2. 如遇复杂问题，可将其分解为若干简单问题，如："如何制作意大利面？"可分为"制作意大利面需要什么材料？"和"意大利面的烹饪步骤是怎样的？"

3. 提问保持中立，避免引导性措辞，例如：不问"你觉得这款手机好吗？"而问"请评价这款手机的性能和用户体验。"

4. 提问时确保文字无误，避免误解。

5. 注意个人隐私和数据安全。

6. 批判性评估答案，可通过其他来源验证。

我的智能探索

假期对于我们来说，既是放松身心的好时光，也是提升自己的宝贵机会。大家是不是都希望在假期里既能玩得开心，又能高效地学习呢？想象一下，如果有一个神奇的助手能够帮我们制订出完美的假期学习计划，那该多好呀！今天，我们就借助大语言模型，使其成为自己的假期学习计划助手。我们将通过向大语言模型提出明确、具体的提示词，让它为我们生成最适合的假期学习计划。

1. 活动目的

让同学们在实际操作中体验大语言模型的作用，同时学会如何运用明确、具体的提示词来获取更符合需求的答案，提高同学们在使用大语言模型时的提问能力和问题解决能力。

2. 活动步骤

同学们以小组为单位，完成下述任务："小李同学即将迎来为期两个月的暑假，他希望在假期里既能完成作业，又能阅读一些课外书籍，还能学习一门新的才艺。请为小李同学设计一份假期学习计划。"

各小组根据这个任务设计提示词，让大语言模型生成针对小李

AI 大模型时代：未来探索

同学的假期学习效率提升建议。比如："在两个月的暑假时间，小李想完成作业、读10本课外书和学一门才艺，如何提高效率？"或者"小李暑假有多项任务，求高效学习计划。"等。

将提示词输入大语言模型中，可以得到相应的回答。小组同学之间互相分享和评价各自得到的回答以及使用的提示词。讨论哪些提示词更加明确、具体，能够引导大语言模型生成更准确、更实用的建议。

我的智能成果

根据所学知识，创建一份关于如何在大语言模型中使用提示词的指南。这份指南可以包括提示词的分类、选择策略、使用技巧及常见问题解答等内容，帮助大家在使用大语言模型时能有效地提问，并得到准确回答。

学生可根据评价标准进行自我评价，反思自己在创建指南过程中的表现，找出可改进之处。学生之间可互相评价，根据评价标准给出客观公正的建议。教师可根据以下4点，以及学生的自评和互评，结合学生的实际表现，给出最终的评价和反馈。

1. 内容的完整性

（1）指南中包含提示词的分类、选择策略、使用技巧及常见问题解答等主要部分。

（2）各个部分的内容详细完整，能提供较为全面的指导和建议。

2. 内容的准确性

（1）指南中的信息准确无误，与所学知识和实际操作相符。

（2）能提供专业的建议，能反映出对大语言模型和提示词用法的深入理解。

3. 条理性与逻辑性

（1）指南的结构清晰，各部分之间有逻辑关联。

（2）内容条理分明，易于理解和跟随操作。

4. 实用性与美观性

（1）提供的选择策略、使用技巧和常见问题解答等内容具有实用性，能帮助读者在使用大语言模型时提高效率和准确性。

（2）版面布局合理，色彩搭配和谐，设计元素精致，整体视觉效果令人愉悦，易于阅读和理解。

我的智能视野

大语言模型就像一个超级聪明的"知识大师"。当它收到提示词后，会迅速在自己的知识库中搜索相关的信息。

它会分析大量的文本数据，找出与提示词相关的词语或句子，运用强大的算法和模型，把这些找到的元素巧妙地组合在一起。就好像在搭建一座精美的积木城堡，每一块积木都代表着一个词语或一个句子，大语言模型把它们精心排列，最终形成一段完整而有意义的文本。

大语言模型生成答案的过程非常快速，几乎瞬间就能为我们提供答案。但我们要知道，它生成的文本也不是绝对完美的。我们需要思考和判断这些答案是否准确、合理。

在未来，随着科技的不断进步，大语言模型会变得越来越强大。它可能会更好地理解我们的提示词，生成更加精彩的文本。让我们一起期待大语言模型带给我们更多的惊喜，同时也努力学习，更好地运用这个神奇的工具来探索知识的世界。

第4课 智言助力辩论赛——巧用大语言模型

我的智能生活

你参加过辩论赛吗？那是一种让人热血沸腾的智力竞赛，是思维与语言的交锋，是智慧与策略的较量。当我们学会使用大语言模型这项工具后，我们将会用全新的方式去体验和理解辩论，让我们利用大语言模型开展一次辩论赛吧。

我的智能活动计划

可以参考图2.7所示的智能活动计划，以学习小组的形式完成本节课的学习。

图2.7 智能活动计划

我的智能学习

辩论赛的核心是"辩"，在这个知识与思维的战场上，双方辩手各持鲜明的论点和极具说服力的论据，通过精湛的口才和强大的思维能力来力争比赛的胜利。辩论赛不仅仅是一场知识的竞赛，更是一场融合了辩证思维能力和语言表达能力的全面较量。

大语言模型可以成为辩论赛中不可或缺的智能助手。大语言模型能够迅速分析大量的文本数据，为辩手提供即时的信息支持和策略建议。在辩论赛上，传统的形式是两支队伍参加，每队一般由4人组成。但在此次辩论赛的设置中，我们建议每队由5～6人组成，以适应新的辩论环境。

将队员分为一辩、二辩、三辩和四辩，各司其职，深入阐述本方观点、与对方展开激烈辩论，以及总结陈词等。而新增的队员则专门负责利用大语言模型，实时分析场上形势，为队友提供有力的辩词补充。

辩论赛流程也进行了一定的优化，具体如下。

1. 陈述阶段：双方的一辩分别进行开场陈述，为整场辩论赛定下基调，同时明确展示本方的核心观点。

2. 攻辩阶段：在此阶段，二辩和三辩将进行紧张刺激的一对一质询和答辩，试图找到对方的逻辑漏洞。

3. 小结阶段：一辩会进行攻辩小结，回顾并强调在攻辩阶段中揭露的关键点。

4. 自由辩论阶段：这是双方辩手交替发言、短兵相接的环节，也是辩论赛中最具观赏性的部分。

5. 总结陈词阶段：四辩会为本方做出总结陈词，全面概括本方的观点和立场，为整场辩论赛画上圆满的句号。

我的智能探索

在明确辩论规则和流程，并进行人员分组后，以"人工智能对青少年的影响是利大于弊还是弊大于利？"为辩题，开展辩论赛，其间参赛队员可以使用任何大语言模型工具辅助辩论。

辩论注意事项：

1. 在反驳时，需根据对方辩手提出的观点进行针对性的反驳。

2. 辩手在发言时不能重复已表达过的观点和内容。

3. 在使用大语言模型时，注意提示词的使用，提示词越具体，回答越准确，更能有效地辅助本组辩论。

我的智能成果

利用大模型工具，以思维导图的形式，总结本组观点及内容。在课后互相交流，评选出内容丰富、设计美观的作品。

我的智能视野

通过这一次辩论赛的体验，同学们是不是对大语言模型有了更深刻的认识？学会使用大语言模型这个强大的工具后，我们不仅可以获取丰富的知识，还能以一种前所未有的方式去探索不同的观点和想法。就如同在辩论中，大语言模型可以为我们提供各种角度的论据和思路，帮助我们更好地阐述自己的观点，同时也让我们更深入地理解对方的立场。同时，我们也要学会批判性地看待大语言模型给出的答案，用我们的智慧去分析和辨别其中的真伪。

在未来的学习和生活中，希望同学们能够继续发挥大语言模型的优势，同时不断提升自己的思维能力和创造力，用全新的方式去探索世界，勇敢地表达自己的观点，与他人进行积极的交流和讨论。相信在这个过程中，同学们会收获更多的知识并得到更进一步的成长。

第2单元　问个好问题——大语言模型

单元总结

我做了什么

通过了解丰富的实例感受大语言模型在各个领域中发挥的重要作用，体会它给我们的生活带来的便利，并和同学一起借助大语言模型开展辩论赛。

我学会了什么

通过实际操作，知道了大语言模型的基本概念和工作原理，学会了正确提出问题并有效地利用大语言模型来获取满意的答案和准确信息的方法。

我的收获

通过和同学们一起学习和讨论，对大语言模型有了更全面的认识，体会到了大语言模型的魅力。

第3单元
讲个好故事——图像大模型

单元情境

同学们,假设你此刻想给你的好朋友讲一个你最近看到的很有趣的故事,但是由于你记不太清楚故事的完整细节,或者描述得不够生动,他听得一头雾水。这时候,如果我们有一台神奇的"故事机",只要你说出故事的关键词,它就能立刻帮你生成一幅幅生动的图像,可以帮你更好地讲故事,多有趣啊!

其实,这样的"故事机"离我们并不遥远,它就像我们今天要学习的人工智能技术中的"图像大模型"。图像大模型就像一个超级大脑,它储存了海量的图像信息和知识,当我们给它一个指令或者一个关键词,它就能快速地从数据库中提取出相关的图像,甚至生成全新的、符合我们要求的图像。

同学们,你们想不想成为这个"故事机"的主人,用它来讲述你们心中的故事呢?今天,我们就一起来探索这个神奇的图像大模型,学习如何用它来创造属于我们自己的故事世界!

单元主题

在本单元学习中,我们将深入探索图像大模型这一神奇的人工智能工具。图像大模型不仅是一个存储了海量图像信息的庞大数据库,更是一个能够理解和生成图像的智能系统。它将带领我们走进一个充满创意的世界,让我们能够用图像来讲述故事、表达想法。

第3单元　讲个好故事——图像大模型

通过本单元的学习，同学们将会掌握图像大模型的基本概念和工作原理，了解它在生活中的应用场景和优势。同时，我们还将一起研究如何使用图像大模型来生成图像，以及如何利用这些图像来丰富自己的故事表达。在这个过程中，同学们将不断提升自己的创造力和表达力，成为善于利用人工智能技术的小能手。

我的智能学习目标

1. 理解图像大模型的基本概念：掌握图像大模型的定义，了解它在图像处理与生成领域中的应用，以及它在现代生活中的重要地位和作用。

2. 理解图像大模型的工作原理：了解图像大模型的核心技术，包括深度学习、大数据处理、图像识别与生成算法等，理解这些技术如何共同协作以实现高效的图像处理和生成任务。

3. 分析图像大模型的应用案例：通过研究实际案例，了解图像大模型技术在不同领域中的具体应用和效果。

4. 评估图像大模型的优势与其可能引发的问题：讨论图像大模型的创新性，以及给人们带来的便利，同时关注其可能引发的问题，如计算资源消耗、数据隐私泄露等。

5. 掌握图像大模型的使用技巧：学习如何正确使用图像大模型工具，包括输入指令的编写、参数调整、结果优化等，以生成高质量的图像。

6. 培养批判思维能力：在使用图像大模型的过程中，学会识别潜在的偏见和局限性，提出问题，进行批判性分析，以培养独立思考和判断的能力。

7. 激发创新思维与拓展应用：鼓励思考如何将图像大模型技术应用于新的领域或解决现有问题，培养创新思维和实践能力，为未来的图像处理和生成技术的发展贡献力量。

我的智能学习工具

硬件准备：可以连接互联网的计算机。

软件准备：图像大模型生成平台、浏览器、搜索引擎等。

第3单元　讲个好故事——图像大模型

第1课　思维映像——认识图像大模型

我的智能生活

图像在我们的日常生活中扮演着非常重要的角色，它们不仅是视觉信息的传递者，也是我们理解和感知世界的重要工具。下面请同学们跟随老师的讲解，一起来学习图像大模型吧！

在我们的日常生活中，无论是学习中用到的图像资料，还是社交媒体上分享的图像，图像都因其直观、生动的特点，丰富了我们的生活体验。在智能时代，图像大模型技术能让我们的生活变得更加多彩和便捷。通过图像大模型技术，我们可以实现图像的自动生成、风格转换、智能识别等功能，让图像更好地服务于我们的生活和学习，让我们的生活变得更加智能和便捷，如图3.1所示。

图3.1　用手机扫一扫识别植物

AI 大模型时代：未来探索

我的智能活动计划

想要合理地使用图像大模型，首先要了解它。我们可以利用课余时间，通过上网或阅读相关书籍来深入学习图像大模型的知识；接下来，我们可以尝试使用一些简单的图像大模型工具，体验图像生成的乐趣；同学们还可以分组谈一谈对图像大模型的认识和使用体验。

可以参考图3.2所示的智能活动计划，以学习小组的形式完成本节课的学习。

图 3.2 智能活动计划

我的智能学习

一、图像大模型的定义

同学们，今天我们要一起走进一个神奇的世界——图像大模型的世界。那么，什么是图像大模型？简单来说，图像大模型是一种利用人工智能技术，通过大量的图像数据学习和训练，识别、理解和生成图像的强大工具。它就像是一个拥有超能力的"图像魔法师"，可以根据我们的指令和需求，创造出各种各样的图像。

二、图像大模型的发展

图像大模型的诞生，离不开人工智能技术的快速发展。随着计算机算力的提升和大数据的积累，人们开始探索如何让计算机像人一样理解和处理图像。经过多年的研究和努力，图像大模型应运而生，并在近几年取得了巨大的突破和进步。现在，它已经广泛应用于艺术创作、广告设计、教育培训等多个领域，为我们的生活带来了便利和乐趣。

我的智能探索

回答问题：图3.3所示的两张图片，哪一张是真实的照片，哪一张是图像大模型生成的图片？请谈谈你的判断依据。

图3.3　真实照片和AI生成图片的对比图

分组讨论与分享：请同学们分组简单讨论图像大模型底层的技术，并由小组长在课堂上分享交流。

学习体验：请同学们使用老师提供的图像大模型平台，输入指令，并观察由此产生的结果，如图3.4所示。

图3.4　图像大模型应用示例

我的感受：请同学们写下自己使用图像大模型后的感受。

我的智能成果

请以思维导图或者手抄报的形式，记录你在本节课的学习收获。

1. 理解基本概念：对图像大模型的基本概念有了一定的认识，并且了解了它的发展历史。

2. 动手实操：通过实践练习，感受到了图像大模型的强大功能，以及科技发展对我们日常生活的改变。

我的智能视野

图像大模型生成的图像与真实的照片在生成方式、真实性及灵活性上存在差异。图像大模型生成的图像是基于算法生成的，具有很强的创意，且可根据需求灵活生成，但看起来没有那么真实；而真实照片则直接源于现实世界，能提供沉浸式的真实体验，但改变和调整并没有那么容易。

第 2 课　智像拓用——图像大模型的实际应用

我的智能生活

同学们，学习了图像大模型的基本概念之后，你们有没有一些疑问？图像大模型在我们的生活中到底有哪些实际应用呢？它又如何改变我们的生活方式？在本节课中，我们将一起探索图像大模型的实际应用，感受它给我们带来的便利和乐趣。

图像大模型已经深入我们生活的各个方面，无论是学习、社交还是探索世界，都离不开它的助力。在学习上，图像大模型可以帮助我们快速识别课本中的图像信息，辅助我们理解知识点。比如，在历史学习中，通过图像大模型的图生文功能，图像大模型可以识别历史事件的图像，帮助我们了解图像中的历史背景，以增强记忆。

在社交中，图像大模型也扮演着重要角色。我们可以通过它创作一些有趣的图像，丰富我们的表达方式。同时，在工作中，我们也可以用图像大模型来制作产品的宣传片，使产品看起来更有吸引力，如图 3.5 所示。

图 3.5　使用图像大模型生成产品宣传片

AI 大模型时代：未来探索

我的智能活动计划

那我们该如何探索图像大模型在生活中的实际应用呢？请同学们在课余时间仔细地观察生活中的事物，看看哪些地方可能使用了图像大模型，并和同伴交流分享。

可以参考图3.6所示的智能活动计划，以学习小组的形式完成本节课的学习。

图 3.6　智能活动计划

我的智能学习

图像大模型功能丰富，除文生图和图生文这两种常见功能外，还具备以下多种功能。

垫图：这种功能允许用户将一幅图像作为垫图，与其他图像或元素进行融合，从而创造出新的视觉效果。

混图：无须输入提示词，图像大模型可以自动将多幅图像进行混合，生成一幅全新的图像。

识图：无须输入提示词，图像大模型可以自动识别图像中的内容，包括物体、场景、人物等。

优化：图像大模型可以自动对图像进行优化处理，从而改善图像质量。

放大：图像大模型可以对图像进行放大处理，同时保持图像的清晰度和细节。

第3单元　讲个好故事——图像大模型

扩图：对于放大后的图像，图像大模型可以进一步进行扩图操作，生成更大尺寸的图像。

平移：对于放大后的图像，图像大模型还可以实现图像平移功能。用户可以在不改变图像内容的情况下，调整图像的位置。

我的智能探索

小组讨论：请同学们分组讨论图像大模型在生活中都有哪些应用，图像大模型是如何帮助人们的，从日常生活、学习辅助、文化交流这3个方面分别谈一谈。

实践任务：请同学们使用老师提供的图像大模型网站，基于图3.7所示的这张龟兔赛跑的图画，使用垫图、混图和优化这3个功能，生成内容更加丰富的龟兔赛跑图，我们来比一比哪个小组生成的图像更出彩。

图3.7　龟兔赛跑图

AI 大模型时代：未来探索

我的智能成果

学习完本节课后，相信各位同学都有了不小的收获，请同学们课后使用图像大模型生成平台生成一张内容丰富的海报，海报内容为你在本节课的收获，具体可包括以下3个方面。

1. 加深了对图像大模型的理解：学习了两节课后，对图像大模型的基本概念和使用方法有了一定的了解，能够使用图像大模型生成自己想要的图像。

2. 了解图像大模型的实际应用：通过课堂讨论和课后查阅资料，能够举出生活中的实例，说明图像大模型技术如何被应用到实际生活中。

3. 亲身体验：通过老师的讲解和实操练习，体会到图像大模型在生活中的作用。

我的智能视野

图像大模型在生活中的应用广泛且深入，涵盖了安防、医疗、交通、零售、教育等多个领域。它不仅提高了我们的工作效率，还带来了更加便捷、智能的生活方式。随着技术的不断进步和应用场景的不断拓展，图像大模型将在未来发挥更加重要的作用。

第3课　灵感绘影——如何利用图像大模型讲述故事

我的智能生活

同学们，上节课我们简单学习了图像大模型在生活中的应用。那么本节课，我们要进一步探索如何利用图像大模型讲述一个精彩的故事。想象一下，如果我们能用图像来讲述我们学习和生活中发生的事情，那会多么有趣啊！

在一个阳光明媚的周一，光明小学六年级的学生们满怀期待地聚集在学校的科技教室里，他们即将参加一场别开生面的故事创作活动。此次活动的核心目标是利用前沿的图像大模型技术，通过生成的图像来讲述一个引人入胜的故事。

老师首先向同学们详细解释了图像大模型的使用方法，并展示了几个精彩的示例。同学们被这些生动、逼真的图像深深吸引，他们纷纷表示想要尝试利用这项技术来创作属于自己的故事。

随后，老师提出了一个主题："奇幻森林的冒险"。她鼓励同学们运用图像大模型生成与这一主题紧密相关的图像，并将这些图像巧妙地串联成一个完整、连贯的故事。

然而，平日擅长写作文的小红在面对这个全新的挑战时却显得有些迷茫。虽然她热爱写作，但图像大模型对她来说却是一个全新的领域。她不知道如何将自己的创意和想法通过这项技术表达出来。

现在，让我们一起帮助小红完成这个"奇幻森林的冒险"的故事创作吧！

AI 大模型时代：未来探索

我的智能活动计划

可以参考图3.8所示的智能活动计划，以学习小组的形式完成本节课的学习。

图3.8　智能活动计划

我的智能学习

想要创造出生动形象的图像来描述故事内容，我们首先需要学习提示词的使用。提示词是一个用于指导图像大模型生成图像的指令或描述，它通常由一些关键词、短语或句子组成，能够告诉图像大模型你想要生成什么样的图像。

首先，我们需要明白提示词是图像大模型生成图像的关键。编写合适的提示词，可以引导图像大模型生成与故事内容相匹配的图像。

提示词通常包括图像主体词、细节词和修饰词等。例如，我们想要生成一幅描述"奇幻森林中的独角兽"的图像，提示词可以包括"独角兽""奇幻森林""神秘"等词汇。

由于图像大模型是基于大数据进行训练的，因此同一个提示词也可能会生成有差异的图像。我们可以尝试不同的描述，找到最符合我们需求的图像，如图3.9所示。

最重要的是，我们需要不断地实践和调整。可以先从一个简单的故事开始，尝试用提示词生成相关的图像，然后根据实际效果进行调整和优化。

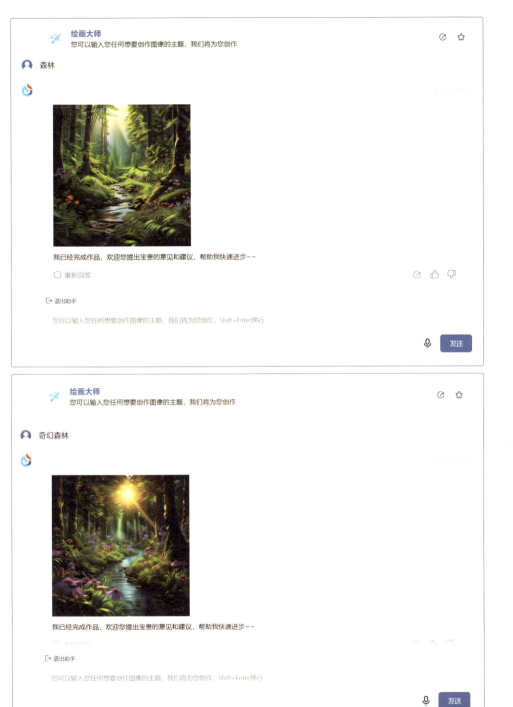

图3.9 不同提示词生成的图像不同

AI 大模型时代：未来探索

我的智能探索

在"奇幻森林的冒险"故事创作中，可以设想这样一个场景：美丽的独角兽在月光下和精灵交谈。请同学们分别尝试不同的提示词，如"独角兽""奇幻森林中的独角兽""美丽的独角兽在月光下和精灵交谈"等，体会不同提示词对于图像生成结果的影响。

我的智能成果

学习到这里，相信同学们都有了不少收获。现在让我们来帮助小红，以小组合作的形式，完成"奇幻森林的冒险"的故事创作。要求：每组最少要生成5幅图像，并为每幅图像搭配相应的解说，完成后向全班同学展示。

我的智能视野

在使用图像大模型生成图像时，同学们要注意：不同的命令和参数设置对图像生成结果会产生显著的影响。通过合理选择和调整这些命令，可以生成符合期望的图像内容、风格和细节。同时，也需要注意命令之间的相互作用和限制，确保生成的结果符合自己的预期。

第4课　智绘童梦——通过项目式学习体验图像大模型

我的智能生活

绘本，又称为图画书，通过图画与文字两种媒介的组合、互动来讲述故事。绘本中的图画通常是手绘的，色彩鲜艳、形象生动，文字简洁明了，易于理解。绘本的故事内容丰富多样，既有传统的民间故事、寓言故事，也有现代的创新故事，涵盖了亲情、友情、勇气、冒险等多种主题。

绘本作为一种独特的艺术形式，在儿童的成长过程中扮演着重要的角色。它不仅可以为儿童提供丰富的阅读体验，还可以培养他们的阅读兴趣和习惯，有些绘本还能培养孩子们的生活能力和学习习惯，为他们未来的生活和学习打下坚实的基础。

如果让你自己制作绘本，你会讲述什么样的故事？

本节课的任务：每位同学利用图像大模型来制作一本属于自己的绘本。

绘本主题为"我的智能生活"，可以包含学习、家庭、朋友、梦想等元素。

我的智能活动计划

可以参考图3.10所示的智能活动计划完成本节课的学习。

图3.10　智能活动计划

AI 大模型时代：未来探索

我的智能学习

应该如何制作绘本呢？请同学们参考以下步骤。

1. 阅读绘本，学习并分析其中的故事情节和图画绘制风格。

2. 请同学们独立思考，确定故事的角色和情节。

3. 根据故事内容，编写相应的提示词，用于指导图像大模型生成图像。

4. 使用老师提供的图像大模型网站生成图像。

5. 查看生成的图像，可以通过调整提示词重新生成，直到获得满意的图像。

6. 将生成的图像按照故事情节进行排序和编辑。

7. 在图像上添加文字，丰富故事细节，使绘本内容更加完整，阅读体验更好。

我的智能探索

同学们可以尝试用以下方法来探索图像大模型的更多功能。

改变风格参数：尝试将不同的艺术风格应用于你的绘本，如油画、水彩、素描等，看看哪种风格最适合你的故事。

调整色彩和亮度：通过调整色彩和亮度，你可以改变图像的色调和氛围。这有助于表现故事中的情感变化或场景转换。

探索图像生成的其他功能：除了基本的图像生成功能，许多图像大模型还支持其他功能，如图像修复、图像增强等。这些功能都可以为绘本创作增加更多可能性。

创作是一个不断尝试和探索的过程。不要害怕失败，勇于尝试新的方法和技巧，可以让你们的绘本充满创意和个性。

第3单元　讲个好故事——图像大模型

我的智能成果

展示自己的绘本作品,并向同学们介绍故事内容和创作过程,可以通过投影或实体展示的方式。每个同学都要展示自己的成果。

展示完成后,同学们先进行自我评价,反思自己在创作绘本过程中的收获和不足。老师对同学们的作品进行点评,指出作品的优点和可以改进的地方。

我的智能视野

图像大模型的前景十分广阔。随着技术的不断进步,图像大模型将在图像识别、物体检测、图像生成等领域实现更精准的处理和更高的识别率。同时,多模态融合技术的发展将推动图像大模型的应用,并在自动驾驶、智能医疗等领域发挥重要作用。

AI大模型时代：未来探索

单元总结

我做了什么

　　本单元为同学们创设了多项智能学习活动。首先，通过老师的讲解和演示，同学们了解了图像大模型的基本概念和工作原理。然后，利用图像大模型创作了属于自己的故事图像，学习了图像大模型平台的具体操作步骤、提示词的使用方法，并尝试输入提示词生成了相关图像。同学们还尝试了自己调整参数和指令，以获取更符合需求的图像。最后，同学们分享了自己利用图像大模型创作的绘本，并接受了大家的评价和建议。

我学会了什么

　　1. 图像大模型的基本概念：掌握了图像大模型的定义，了解了它在图像处理与生成领域中的应用，以及在现代生活中的重要地位和作用。

　　2. 图像大模型的工作原理：简单学习了图像大模型的核心技术，并理解了这些技术如何共同协作以实现高效的图像处理和生成任务。

　　3. 图像大模型的应用案例：通过研究实际案例，理解了图像大模型技术在智能艺术创作、虚拟现实场景构建等领域中的具体应用和效果。

　　4. 图像大模型的使用技巧：学会了如何正确使用图像大模型工具，包括输入指令的编写、参数调整、结果优化等，以生成高质量的图像。

我的收获

　　1. 技能提升：通过本单元的学习，学会了如何使用图像大模型来生成图片，学会了利用人工智能技术来表达心中的故事。

　　2. 知识拓展：不仅掌握了图像大模型的相关知识，还了解了人工智能技术在现代社会中的广泛应用和前景，增强了对未来科技发展的兴趣和期待。

3. 批判性思维：在使用图像大模型的过程中，学会了识别潜在的问题，了解了图像大模型的局限，并进行了批判性分析，培养了独立思考和判断的能力。

4. 创新思维：思考了如何将图像大模型技术应用于解决现有问题，激发了创新思维和实践能力，为未来的学习提供了更多的可能性。

第4单元
做个好项目——多模态大模型

单元主题

在本单元中,我们将探索多模态大模型在果蔬种植中的奇妙应用。从识别植物的生长状况,分析土壤湿度,到预测未来可能发生的病虫害,多模态大模型如同一位优秀的园丁,守护和促进植物的健康成长。我们将了解多模态大模型的工作原理和基本概念,探讨它如何综合处理图像、语音和文本数据,以及如何通过学习这些信息来做出智能判断和响应。

通过本单元的学习,同学们将发现多模态大模型并非是高深莫测的技术概念,而是一种深入生活、能显著提高农业生产效率和植物养护效果的实用技术。我们将一起探索多模态大模型在果蔬种植中的应用,包括病虫害管理、气候适应性分析以及生长监测等,全面探究这项技术的潜力。此外,我们还将讨论在运用这些智能技术时应考虑的问题,以及如何有效地利用这些技术来优化校园的果蔬养护。

我的智能学习目标

1. 理解多模态大模型的核心概念:了解多模态大模型处理图像、声音和文本数据的能力,以及它如何整合数据进行智能分析。

2. 掌握多模态大模型的基本原理:了解多模态大模型如何通过算法识别模式和分析综合数据来提出解决方案。

3. 识别多模态大模型在果蔬种植中的应用:了解多模态大模型如

何在果蔬种植中做好病虫害管理、气候适应性分析和生长监测。

4. 培养创新思维：鼓励发展创新思维，思考如何改进或创造新的多模态大模型应用来解决现实问题。

5. 掌握智能工具的使用方法：学习如何使用数字化工具，如数据分析软件、流程图软件，以完成数据收集和分析。

6. 发展批判性思维：评估多模态大模型的数据输出，讨论其在实际应用中的可靠性、有效性以及潜在的问题。

我的智能学习工具

硬件准备：台式计算机、平板电脑、控制器、传感器等。

软件准备：编程软件、数据分析工具（如Excel）。

AI 大模型时代：未来探索

第1课　认识多模态大模型——果蔬养护的智能助手

我的智能生活

　　智能技术正改变着我们的学习、工作和生活方式。你知道生活中常接触到的智能手机、智能音箱等智能设备是如何工作的吗？本节课将带你了解一种名为"多模态大模型"的智能技术，它可以同时处理图像、声音和文字等多种类型的信息，帮助我们更好地理解世界。

　　在这一单元中，我们将揭开多模态大模型的神秘面纱，了解它的工作原理，以及如何应用它来更好地管理校园中的植物。

我的智能活动计划

　　同学们可以参考图4.1所示的智能活动计划，以学习小组的形式来开展本节课的学习。

图4.1　智能活动计划

我的智能学习

一、多模态大模型的定义

　　多模态大模型是一种先进的人工智能技术，它能够同时处理和分析多种类型的信息，如文本、图像、声音等。这种模型通过整合这些不同类型的数据来源，可以更全面地理解和响应我们的需求。

二、多模态大模型的关键功能

　　多模态大模型使用复杂的算法分析这些不同类型的数据。首先，

第4单元 做个好项目——多模态大模型

它通过特定的技术（如图像识别技术和自然语言处理技术）处理每种类型的数据，然后，将这些数据的分析结果结合起来，进行综合判断和决策。这使得多模态大模型能够提供比单一数据源更准确、更全面的信息分析。

例如，在果蔬种植中，多模态大模型可以同时分析植物的图像数据和气候的文本数据，准确地预测植物可能面临的风险和生长问题。

1. 病虫害识别与预警

利用图像识别技术，多模态大模型能够分析植物的图像数据，识别出受损或病变的叶片和果实。多模态大模型通过对图像中的色彩、纹理和形状等特征进行学习和比较，能准确地诊断出可能存在的病虫害类型。

2. 生长监测与环境适应性分析

多模态大模型能够综合分析来自温度传感器、湿度传感器等硬件的数据以及植物生长情况的图像数据，实时监测植物的生长环境和健康状态。这些信息可以帮助园丁调整养护措施，优化植物的生长条件。

我的智能探索

探索多模态大模型的基本概念和应用方式，认识这种技术如何整合不同类型的数据，帮助我们解决果蔬养护问题。在智慧种植中，它可以通过图像识别植物健康状况、利用传感器监测环境变化、通过文本分析提供养护建议。多模态大模型能够同时处理图像、声音、文本和传感器数据。

活动目标：了解多模态大模型的基本原理，认识它如何整合多种数据类型，并探索其在农业和果蔬养护中的具体应用。

AI 大模型时代：未来探索

数据收集：查阅资料，整理多模态大模型的典型应用案例。学习AI图像分析如何监测植物健康状态、智能设备如何自动记录环境数据，以及农业智能助手如何提供养护建议。

数据分析：梳理多模态大模型在果蔬养护中的作用，理解数据整合的方式。通过图像分析技术了解植物病虫害检测的逻辑，通过传感器数据整合思考如何精准控制养护条件，通过文本解析技术研究AI如何辅助做出果蔬养护决策。

方案展示：分成小组绘制示意图，展示多模态大模型的工作流程，并分享学习心得。例如，展示AI如何从图像中识别植物的病虫害问题，如何利用传感器监测土壤湿度和温度，如何通过AI解析天气预报调整养护计划。

评估与改进：小组间互相评价，分析各类多模态大模型的特点与局限性，并思考如何优化这些技术，使其更好地应用于果蔬种植管理。

我的智能成果

通过本节课的学习，我们深入了解了多模态大模型的基本概念、工作原理及其在果蔬种植中的应用。请回顾并总结自己的学习过程，思考如何利用多模态大模型帮助监测植物健康状况、分析生长环境，并优化养护管理。你是否能够清楚地解释多模态大模型的概念？你是否能理解它如何同时处理图像、文本和传感器数据？请和同学们讨论一下吧。

我的智能视野

探索多模态大模型在更多领域的应用。

农业领域：除了果蔬养护，科学家们还利用多模态大模型监测农作物的健康状况，预测粮食产量，优化种植方案。

医疗领域：利用多模态大模型，医生可以通过分析病人的影像和病历，及时发现疾病，比如心脏病或肺炎。

智能家居领域：多模态大模型帮助家庭设备更加智能，比如通过图像识别来调整灯光亮度，或通过声音指令控制家电运行。

第2课　探索智能应用——多模态技术助力农业

我的智能生活

假如你是一个园丁，要照顾很多果蔬。你每天都要观察它们的健康状况和病虫害情况，既费时又复杂。借助多模态大模型，我们可以用摄像头拍摄植物图像，用传感器获取土壤湿度和温度信息，再由多模态大模型分析这些数据，迅速告诉我们植物的健康状况和需要采取的措施。这是不是很神奇？

我的智能活动计划

同学们可以参考图4.2所示的智能活动计划，以学习小组的形式来开展本节课的学习。

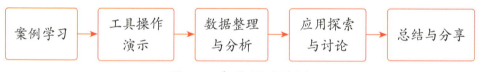

图4.2　智能活动计划

我的智能学习

1. 多模态大模型在农业领域的应用

多模态大模型可以通过摄像头观察植物的生长状况，用传感器检测土壤的湿度及养分，制订正确的养护措施，比如何时浇水或施肥。

2. 收集数据

在园子里安装摄像头、温度传感器和湿度传感器等，让它们自动收集植物和环境的数据，将数据发送到计算机上，并对这些数据进行预处理，剔除无效数据。

3. 分析数据

通过绘制简单的图表来展现这些数据。例如，将土壤湿度数据可视化，这样可以更直观地观察是否需要给植物浇水。

我的智能探索

1. 请同学们自行分组，在果蔬种植区域安装空气温湿度、光照和土壤湿度等传感器，实时收集环境数据。数据记录周期为一周，为后续课程中的分析和决策提供依据。

2. 分析老师提供的光照数据、空气温湿度数据和土壤湿度数据，根据分析结果讨论怎样帮助植物更好地生长。

我的智能成果

本节课学习了如何使用传感器收集环境数据，并探索了数据在果蔬养护中的作用。现在，请回顾并总结自己的学习过程，思考传感器数据如何帮助分析果蔬生长状况，并优化养护决策。

你是否掌握了空气温湿度、光照、土壤湿度传感器的使用方法？你能否准确读取并记录环境数据？请和同学们讨论一下吧。

我的智能视野

探索多模态大模型的前沿应用。

城市交通管理：在大城市中，多模态大模型通过整合实时交通摄像头拍到的路况信息视频，优化红绿灯的切换，减少交通拥堵。

灾害预测：科学家利用多模态大模型，结合气象图像、地震监测数据和历史记录，预测自然灾害的发生时间，并提前采取应对措施。

第3课 规划果蔬养护——用思维导图制订计划

我的智能生活

果蔬需要适宜的养护方式，才能健康成长。今天，我们将学习如何利用数据，结合AI分析结果，制订果蔬养护计划，并用思维导图清晰展示养护流程，让植物在最佳环境中生长。

我的智能活动计划

同学们可以参考图4.3所示的智能活动计划，以学习小组的形式开展本节课的学习。

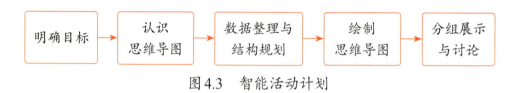

图4.3 智能活动计划

我的智能学习

1. 图像大模型和大语言模型的应用

利用图像大模型分析植物的实时图像，监测其健康状况，如营养不足或病虫害。

利用大语言模型处理和分析大量关于植物养护的文本数据，如天气预报、土壤质量检测报告等。

2. 实际应用演示

使用图像大模型识别叶片呈现的植物病虫害迹象，并通过大语言模型分析来自传感器的数据。

使用软件工具模拟数据分析过程，通过数据得出养护建议。

3. 数据分析技能培养

通过小实验解读和应用从传感器和摄像头收集的数据。例如，分析不同水分条件下的植物生长数据，确定最佳浇水频率。小组讨论，如何根据收集到的数据调整养护计划，以适应不断变化的环境条件。

4. 认识思维导图

思维导图的基本概念：思维导图可以将信息以图形化的形式呈现，它像一棵树，有一个主题中心（比如"果蔬养护"），从中心向外扩展成多个分支，每个分支表示一个主题下的细节。

目标激发：为什么我们需要用思维导图？

果蔬养护计划中的问题包括如何合理安排浇水、施肥时间以及预防病虫害。思维导图能帮助我们分类并整理这些步骤，方便实际操作。

我的智能探索

确定探究问题：要想让我们的果蔬健康生长，首先需要了解它们的生长需求和潜在问题。今天将结合上周收集的环境数据，分析植物的生长状况，通过思维导图的形式制订一个科学的养护计划。

活动步如下。

1. 明确目标

任务描述：本节课的目标是通过学习制作思维导图，制订一个详细的果蔬养护计划。你将学习如何将复杂的信息用图形化的方式展现出来，让养护计划更加清晰、更易执行。

2. 数据整理与结构规划

数据来源：同学们回顾上节课中收集的关于果蔬生长需求的信息，如土壤湿度、光照时长、病虫害防治等。

用表格整理这些信息，可分为"环境需求""日常养护""病虫害防治"三个大类。

逻辑关系的梳理：采用小组讨论的形式进行逻辑关系梳理。

小组讨论：这些信息之间的逻辑关系是什么？例如：如果土壤湿度低，需要浇水；如果天气炎热，需要遮阳。

确定分支逻辑：将主要养护任务分为若干分支，并补充具体的操作细节。

3. 绘制思维导图

将整理的信息通过Chatmind或类似的人工智能工具进行完善并生成养护计划的思维导图。实现信息的可视化，同时理解各种养护因素之间的关系。

4. 信息共享与计划整合

共享讨论：各小组展示思维导图，并讨论如何基于这些信息制订养护计划。

计划完善：根据分享后的反馈完善养护计划，确保每一点都是科学的和可行的。

我的智能成果

本节课我们重点学习了如何利用思维导图制订果蔬养护计划，并探索数据分析在养护方案制订中的作用。现在，请回顾本节课的学习内容，思考如何将收集的数据转换为科学合理的养护策略，并形成清晰的思维导图。

第4单元 做个好项目——多模态大模型

我的智能视野

请思考本节课所学的这些技术在其他领域的应用。例如，图像识别技术可以用于野生动物保护，帮助科学家监测和保护稀有野生动物；这些技术还可以用来保障学校的安全，自动检测校园内的异常活动。这些都是我们可以探索和扩展的应用方向。

第4课 制作养护流程图——智能计划的行动指南

我的智能生活

上节课我们学习了如何用智能技术收集植物的数据并生成了思维导图。今天，我们将用这些信息来制作一个养护流程图，就像建筑师用图纸来建房子一样。这张流程图会帮助我们确保果蔬得到最好的照顾。

我的智能活动计划

同学们可以参考图4.4所示的智能活动计划，以学习小组的形式开展本节课的学习。

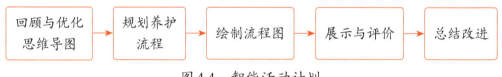

图4.4 智能活动计划

我的智能学习

1. 流程图的基础

流程图是帮助我们理解复杂过程的工具。本节课我们将学习如何有效地使用流程图来表现果蔬养护的各个步骤。

2. 流程图的应用

通过具体的例子看看流程图如何帮助园丁制订养护计划。例如，流程图可以清楚地显示什么时候需要检查植物的水分，什么时候应该施肥，以及如何预防和处理病虫害。

3. 制作流程图

使用简单的在线图表编辑工具来创建自己的养护流程图。学习如

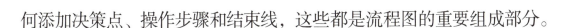

何添加决策点、操作步骤和结束线，这些都是流程图的重要组成部分。

我的智能探索

1. 深入讨论流程图的应用

各小组展示制作的养护流程图。在展示过程中，深入探讨每个步骤的重要性，比如浇水、施肥，以及病虫害防治。

探讨如何在实际情况下应用这些流程图，如在不同天气条件下如何调整养护计划。

2. 评估和改进

讨论每个小组所制作的流程图的优点和需要改进的地方。理解不同策略的效果，并学习如何根据实际情况调整计划。

其他小组的同学们可以提出问题和建议，帮助优化流程图和养护策略。

我的智能成果

通过本节课的学习，我们已将养护计划整理成可视化的流程图，并明确了各个养护环节的执行顺序。现在，请回顾本节课的学习内容，思考流程图如何帮助更清晰地表达养护计划，并提高管理效率。

我的智能视野

思考：如何将制作和使用流程图的技能应用到其他领域。例如，我们可以使用流程图来设计一次学校活动，或者设计一个科学实验。

讨论流程图在日常生活中的其他用途，如组织家庭聚会、制订个人学习计划等。

AI 大模型时代：未来探索

单元总结

我做了什么

通过这个单元的学习，我们探索了多模态大模型在果蔬种植中的应用。从最开始了解这些智能技术，到使用它们进行果蔬养护数据的收集、分析，再到最后制作养护流程图，一起经历了从理论学习到实际操作的全过程。

我学会了什么

通过多模态大模型的学习，我们掌握了如何使用图像、文本和传感器数据来监测植物的健康状况。学会了如何利用这些数据制订合理的果蔬养护计划，理解了如何通过数据分析进行病虫害管理、生长监测和气候适应性分析。此外，还学会了使用思维导图和流程图工具帮助我们将复杂的信息可视化和简单化。

我的收获

通过本单元的学习，我们不仅提升了对智能技术的理解，还学会了如何将理论与实践结合，解决实际问题。懂得了如何通过科学的方式照顾植物，同时，我们的批判性思维、合作能力和创新思维也得到了很大的提升。不仅如此我们还掌握了如何使用现代化工具处理数据，并应用到具体的农业场景中。